媽媽我好想妳
給病人與家人的關懷手記

I miss you **Mommy** !

A Caring Handbook
for Patients and Families

目錄

各界名人溫暖推薦
（依姓名筆劃排序）

感性的故事繪本、理性的引導討論！

——衛生福利部國民健康署署長　王英偉

這是一本非常好的親子互動書，提醒我們面對不安與惶恐，需要適當的傾聽、表達與告知，家人彼此的關心也更能凝結成力量。

——晟德大藥廠股份有限公司董事長　林榮錦

以孩子的角度為視角，平實描繪媽媽生病時的情景，同理了孩子們內心的不安和疑惑，協助一家人渡過這段人生旅程，療癒一家人。

——臺北市信義區博愛國小校長　徐建華

從孩子純真的眼睛和溫柔的想法，細膩地描繪感人肺腑的親情，好讀又好看。

——臺北市立建國高級中學校長　徐建國

《媽媽 我好想妳》細膩地描繪小朋友的情感和大人一樣敏感。愛不是不讓對方擔心就好，學習如何理解與處理彼此心理上的需求，才能讓家庭關係更加緊密。

——東曜藥業有限公司總經理　黃純瑩

推薦序

勇敢度過艱困，讓愛在家中飛揚

　　這本繪本描述一位兒童小凱，在母親因乳癌而住院治療的期間，他的心情、生活、擔憂，以及思母情懷。作者觀察細膩而善體人意，娓娓道出小凱和他的父母、姐姐的生活互動和心理反應，既能引人入勝，更能發人深省！這是很值得推薦給一般讀者和健康照護者的繪本！我在欣賞這本好書的時候，立刻聯想起日本名動畫家宮崎駿的影片《龍貓》，兩者都能深刻地描述只有孩子才能看見的不可思議的世界，以及豐富的想像力！

　　對任何一位病人的照護，最理想的是要能達到全人、全家、全程、全隊的照護目標。除了病人的身體、心理社會和靈性的健康，要能全面照料；病人家屬在日常生活和社會經濟上所受到的影響，也要能關心和照料。病人在治療前、治療當中、和治療後的追蹤、居家照護的指導與專業諮詢，以及門診、住院、或居家照護的連結，必須要能全程顧及；健康照護團隊，包括醫師、護理師、心理師、社工師、宗教師及靈性關懷人員等等醫療專業人員，均應該以病人為中心，彼此密切分工合作。

　　相信一般讀者一旦進入了繪本的情境後，會得到很多有用的啟發和技巧，像是如何觀察、聆聽、接納兒童的情緒、憂慮和不安？如何陪伴、關心、照護家裡的病人和家人？如何在生活中發生變故的時候，因家人的彼此相愛而減少所受到的傷害？健康照護者更可以學習到，如何同時照顧到病人和家屬，讓他們得到身心的健康和平安！繪本的主體固然內容精彩而描繪傳神，「專家相談」的部分更提示了值得參考的原理原則與具體建議。祝福「亞太心理腫瘤學交流基金會」的這本好書，可以讓癌症病人和家屬，更平安、更勇敢地度過艱困的變故，讓愛在家中飛揚！

中央研究院

陳建仁　院士

推薦序

找回希望，一起上演心中的小劇場！

生病一直以來就不是一個人的事，而是一家人的事。當晚餐時刻，廚房餐桌上的燈不再亮著，家裡不絕於耳的嘮叨聲突然消失了，便當裡再也不是自己最喜歡吃的飯菜，還真的會讓人無所適從。

《媽媽 我好想妳》這本書述說著一位媽媽在生病住院之後，家裡的一切都不一樣了，書中藉由小凱的角度去反映出日常生活的轉變，每位家庭成員心理上的無助與難過，他小小的心靈是最天真的，而他唯一的希望就是媽媽可以回家。

我是一個婦癌的專科醫師，像這樣的故事不斷的在我周圍上演著，而在臨床上我遇見過無數個「小凱」。做為一個臨床醫師，我會覺得故事的結尾，也許不見得每次都有如童話故事般的盡如人意。但話雖如此，我們只求在這段歷程，大家都一起做了最大努力才是重要的。生病的過程中，每個家人都承受許多壓力，小凱的爸爸也在這壓力的情境，不知如何好好的向兒女解釋。小小的心靈也需要特殊來處理「病情告知」的技巧，才能釋放爸爸的壓力。

本書裡的每個人物均有其要扮演的角色，缺一不可。就好像一幅拼圖如果缺了一塊，就不是一個完美的作品，所以讀者可以透過本書的插畫、對白、場景，去細細的品味它所要傳達的意思。亦可設身處地的去想想，一樣的場景下，自己若是其中一個角色，會有什麼樣的想法？會有什麼樣的作為？畢竟每個人、每個家庭都是獨一無二的，在這樣的前提下，本書的對白並沒有標準答案。

現在，就讓我們找回希望，一起上演心中的那個小劇場吧！

高雄榮民總醫院婦女醫學部部主任
中華民國婦癌醫學會理事長

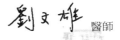 醫師

一本適合大人小孩共讀的繪本！

人生在世，永遠不缺乏苦難。然而，苦難不一定只會讓我們痛苦，有時候也會讓我們成長。

台灣每年新診斷癌症的國民，近幾年幾乎是每年八到九萬人不等。癌症是一個苦難，不只病人苦，家人也苦；不但身體苦，心理也苦。癌症造成的苦難，真的為數不少。

亞太心理腫瘤學交流基金會成立於 2013 年，除了促進亞太地區心理腫瘤醫學的學術交流，也致力於癌症病友與家屬的心理健康。國內醫療並不缺乏癌症病人心理健康的書籍，但是卻鮮少有以圖畫來啟發心靈的繪本。

《媽媽 我好想妳》這是本土的繪本，驚鴻一瞥，會以為是為了兒童所製作的繪本。然而，如果沒有大人的購買、閱讀與感受，就沒有辦法說故事給兒童聽。我們期待這是一本大人小孩一起閱讀的繪本。所以說，這本繪本也是為了大人製作的心靈小品。

對於告訴孩子，父母或是其他長輩得了癌症，不論是對大人或孩子，都是困難與煎熬的。《媽媽 我好想妳》作為一個媒介，我相信可以成為大人與小孩面對苦難，超越苦難，進而成長的機會。因此，小學或幼稚園的老師，也可以使用這本繪本來幫助兒童。

癌症真的是可怕，但是調整心理，我們依然能勇敢向前。讓我們陪您與家人一起前進。

財團法人亞太心理腫瘤學交流基金會董事長
馬偕紀念醫院精神醫學部 / 自殺防治中心主任
馬偕紀念醫院安寧療護教育示範中心主任

 醫師

繪本書的緣起

看見情緒・展現家庭復原力

　　家庭是有生命的，透過家庭成員間的互動，在事件中，展現它的復原力。當家中有人罹患重大疾病，例如癌症，往往不只是病人獨自的問題，還牽涉到整個家庭成員。

　　繪本故事的設計雛形，關注在有小孩的家庭，因為小孩在成長的階段，情緒的表現方式較多元，有時甚至是隱晦的而容易受到忽視。因此，我們用故事的方式呈現一個平常的家庭，在疾病治療的歷程中，除了病人本身外，就生活、孩子，乃至於整個家庭，可能發生的變化，以及如何在混亂之中調適，走向復原的過程。

　　我們希望藉由這一本書，提醒家長留意到孩子的情緒反應，當發生類似情況，願意給孩子多一些傾聽、理解和陪伴，幫助孩子，進而幫助整個家庭。

蔡惠芳 社工師／諮商心理師

促進心理健康作為出發點的繪本書

　　基本上，這是一本以促進心理健康作為出發點的繪本書。

　　傳統家庭中，家長可能會認為：「我讓孩子吃飽穿暖，這樣就足夠了！」但事實上，孩子處在發展階段，還有許多心理和情緒狀態，需要被理解、被關注，所以繪本傳達出這層意義，使我們開始思考這件事情。

　　當家庭發生衝突事件，情緒出現的時候，有人會很想趕快把它擦掉，然而情緒有它存在的必然性，有被看見的需求，與其「消除」，最好的方式是「承接」。

　　孩子被允許表達自己的情緒，能夠講出自己的需求，加上家長願意聆聽，並給予適切的回應，這樣一來，眼前所碰到的困難或挑戰，也能為彼此的生命帶來了新的學習與收穫。

侯懿真 臨床心理師

我的心裡住著一隻小狗，小小凱。
媽媽不在家的時候，牠會跑出來「汪、汪」叫。

This is my imaginary friend, Eddy. He's always with me
when mommy's not home, but nobody else can see him.

「媽媽生病住院，妳要多照顧弟弟……」
「我會照顧弟弟……」

爸爸跟姊姊小小聲講話我聽不到。
媽媽怎麼了？生了什麼病？
媽媽不在，沒有人幫我開小燈。

"Mom's in the hospital. You will need to help take care
of your little brother, Edward"
"Don't worry Daddy! I'll take care of him..."

What happened to Mommy?
If Mom isn't home, who will tuck me in at night?

媽媽不在，衣服都皺皺的、髒髒的，也沒有人幫我帶水果。
媽媽我好想妳……

Mom's not home.
My clothes are dirty and wrinkly. Nobody's here to make snacks for me.

I miss my mommy.

「小凱，今天放學後你到
林阿姨家吃飯等姊姊，晚
一點爸爸去接你們。」
討厭……
媽媽怎麼了？
為什麼還不回來？

"Edward, you're going to have dinner at Auntie Lin's house again after school.
I'll come pick you up later."
Not again... What's wrong with Mommy? Where is she?

「汪！汪！」林阿姨養的布布依偎
在我的懷裡，舔得我的臉癢癢的，
抱起來暖暖的。
好久好久，爸爸終於來接我了！

Woof! Woof!
I snuggle with Bubu while he licks my face. I like to hug Bubu.
He's so warm.

After long time, Daddy finally came to get me.

一到家，爸爸就熱昨天的剩飯剩菜吃。
我有好多話想對爸爸說，但是爸爸最近都不說話。

When we got home, Dad heated up leftovers for dinner.
I had soooo much to tell him but he didn't really want to listen.
Daddy doesn't talk much anymore.

「小凱，聯絡簿為什麼沒簽名？」
爸爸怎麼這樣，已經提醒他很多次了，媽媽從來不會忘記！

"Edward, why didn't your parents sign the communication book again?"
Oh no. Why does Dad always forget? Mommy never forgets.

小小凱你有聽到嗎？

Hello?
Eddy, are you listening?

「小凱，老師剛剛說什麼？」
糟糕，老師說什麼？剛剛在想媽媽，老師說的話我一個字都沒聽見。

"Edward, did you hear me?"

Uh oh... What was Teacher talking about? I didn't hear a word she was saying.
I was thinking about Mom again.

「哈哈，小凱你又在發呆了！連明天要帶花盆和
培養土你都沒聽到！」
「哼，臭小胖，等一下要你看看我的厲害！」

"Ha ha Edward! You're daydreaming again. Teacher said we have to
bring pots and soil tomorrow"

"You better shut your mouth if you know what's good for you!"

「不可以吵架喔！」
老師拉著我：
「小凱，告訴老師，
發生什麼事？」
「老師，我媽媽不在家——」
小凱掉下淚。

"Hey! No fighting!" Teacher said. "Edward, what's wrong?"
"My Mom's...not...home..." said Edward, choking on the words
as he burst into tears.

姊姊寫完功課，幫我檢查了聯絡簿，
但是花盆和培養土去哪裡買？
我跟姊姊都好想媽媽。

Dora finished her homework and then checked my communication book. But where are we going to find pots and soil?

Mom would know. I wish Mom was here.

爸爸回來了！
「媽媽什麼時候回來？」
我跑到門口問爸爸。
「快了，快了。」
爸爸說，但是頭低低的。
可是，我好久沒看到媽媽了。

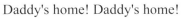

Daddy's home! Daddy's home!
I ran into Daddy's arms and asked him, "When is Mom coming home?"
"Soon, soon..." mumbled Daddy unconvincingly.

But, it's already been a really long time...

「先洗手，來吃晚餐！」
"Wash your hands,
  then come and eat."

「小凱，
  先讓爸爸休息！」
"Edward!
  Leave Daddy alone!"

「我不管！
  我想媽媽！」
"But I want to know.
  I miss Mommy!"

「媽媽到底在哪裡？」
"Woof!
  Where's Mom?"

我要哭了
I want to cry.

「媽媽生病了。」
爸爸抱著我們：
「媽媽很愛你們，
但是必須在醫院治療；
等媽媽回來，
就會煮好吃的菜！」

"Mommy's sick," Daddy held us close. "Mommy really loves you guys.
She has to stay in the hospital right now but when she comes home, she'll
cook yummy food for you!"

「禮拜六，我們去看媽媽吧！」
爸爸說。
可以見到媽媽了！

"How about we go see Mommy on Saturday?" said Daddy.

We can go see Mommy? Yeah let's go!

白色的床單、
白色的牆壁、
白色的醫生和
白色的護士，
媽媽的臉，
也白白的。

White bed, white wall, white doctors and white nurses.
Mom's face is even white too.

在病床上的媽媽，和平常不一樣。
戴著她最喜歡的毛帽，但是頭髮不見了。

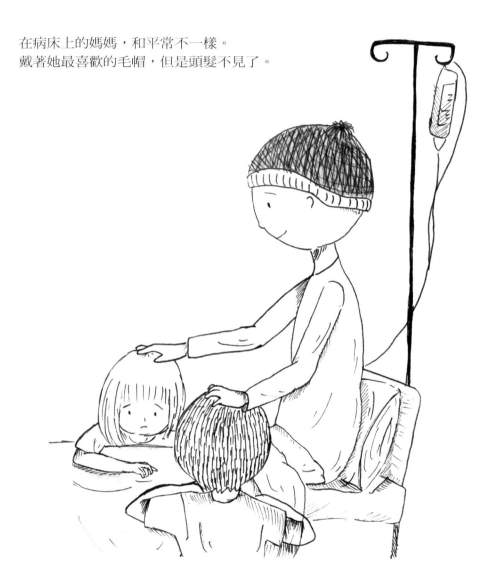

Mommy's in bed. She looks different than usual.
She's wearing her favourite toque but her hair is all gone.

「小凱，有沒有乖乖聽話？」
媽媽，妳不在我有聽話。
妳什麼時候可以回家？

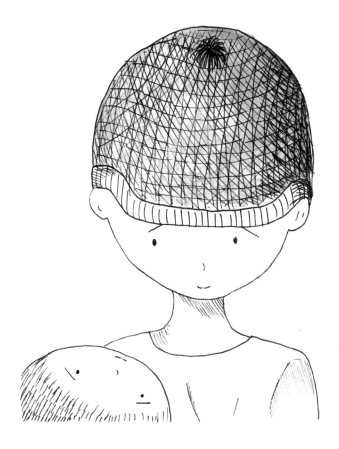

"Edward, have you been a good boy?"

I've been a good boy, Mommy.
When are you coming home?

媽媽的手握起來涼涼的，不像以前暖暖的。
小凱傻住了，小小凱也是，尾巴夾得緊緊的。

Mommy's hands aren't as warm as before.
Edward was surprised.
Eddy too.

「媽媽，妳怎麼了？」
「媽媽生病了，得了乳癌，
是一種比感冒還嚴重的病，
需要比較久的時間治療，
不過媽媽會努力好起來，
就可以回家了！」

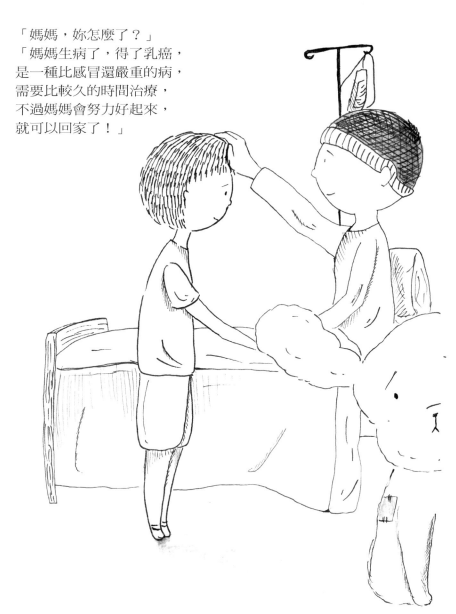

"What happened to you, Mommy?"
"Mom is sick. I have breast cancer. It's more serious than a cold, so it'll take more time for me to get better.
But I'll try my best to get well soon, and then I can come home again."

「媽媽，那妳的頭髮還會長出來嗎？」
媽媽現在頭髮好短好短，摸起來刺刺的。
「我以後不會調皮了⋯⋯」

"Mommy, will your hair grow back?"
Mom's hair is so short it feels prickly, like a cactus.
"I won't be naughty anymore..."

「妳今天還吐嗎？
我朋友說有種止吐的草藥很好，
我買來給妳吃？」
爸爸擔心的問。

"Did you throw up today?
My friend knows a good herbal medicine that can help,
should I buy it for you?" Daddy looks worried.

「陳太太現在在打化療，不能亂吃藥喔！
一定要給主治醫師看過，才不會影響治療。」
護理師說。

The nurse walks in. "Mrs. Chen is doing chemotherapy,
so she can only take medicine that the doctor gives her.
We don't want her to get any sicker."

「你們看媽媽要洗手喔！然後記得戴口罩，
因為媽媽現在身體較虛弱，我們要一起來保
護媽媽，不要讓媽媽受到感染！」

The nurse continues, "You must also remember to wash your
hands before visiting your mom. Don't forget to wear a mask too.
Your mom is very weak right now, so we have to make sure she
doesn't get an infection."

「媽媽還要多久才能回家呢？」
我拉著媽媽的手問。
「媽媽雖然得了乳癌，
但是經過醫生的治療，
會好起來喔！」
媽媽安慰我。

I hold Mommy's hand and ask, "How much longer until you can come home?"
"Well...Mommy still has cancer right now, but I'll get better after I finish my medicine."

「我知道你們很關心媽媽，你們生活有沒有受到影響？」
"How are you guys doing? I know you're both worried about your mom right now."

「但是媽媽得的是癌症……」

"But Mommy has cancer..."

「媽媽說是比感冒還嚴重的病，但是會好起來的！」

"Mommy says it's more serious than a cold, but she'll get better."

社工姊姊笑了笑：「雖然是癌症，但是只要持續治療，
全家人就能和以前一樣喔！」

"Even though it's cancer, if your mom keeps taking her medicine,
your whole family can be back to normal like before."

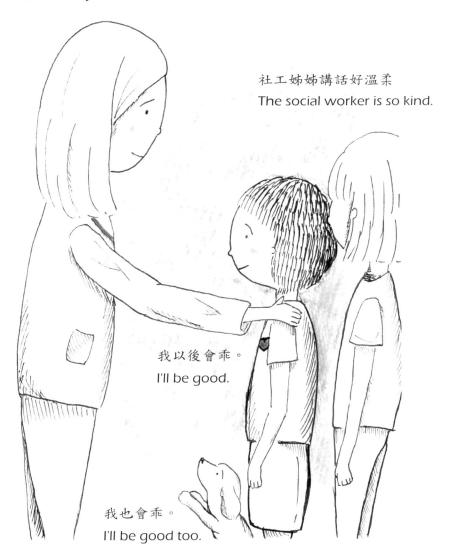

社工姊姊講話好溫柔
The social worker is so kind.

我以後會乖。
I'll be good.

我也會乖。
I'll be good too.

社工姊姊拉起我們的手：「媽媽生病，你們的生活受到影響，心裡不安、害怕，都是很正常的反應，以後心裡不舒服的時候，可以找大人或老師聊聊，會比較舒服喔！」

The social worker takes our hands and tells us, "Your mom is sick, so you might feel anxious or scared right now. Those are both normal feelings. If you talk about your feelings with your teacher or other adults, it can help you feel better."

「媽咪，這是我在學校種的小豆苗，送給妳！
要趕快好起來喔！我好想妳趕快回家！」
除了沒有頭髮，她還是我最愛的媽媽。

"Mommy, this is the plant I grew at school for you!
I hope you'll come home soon."
Even without hair, she's still my favourite mommy.

媽媽終於回家了，
一起吃飯的感覺真好。

Mommy finally came home today.
It feels so good to be together again.

當家庭發生重大變故……

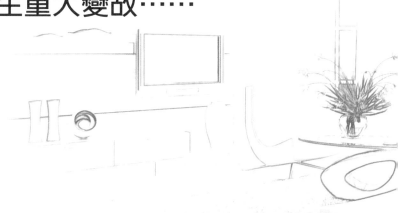

哭泣讓我緩下腳步來，並且專注於感受人生問題的重量。

——電影《腦筋急轉彎》

◆ 生病是全家人的事

生命的每一天不可能都是快樂的狀態，當悲傷情緒來襲，也許無須過度壓抑，因為難過和淚水反而提醒了我們，該如何正視眼前所發生的問題，不管是宣洩、沉澱之後嘗試自己再度向前，或尋求旁人的支援，正如動畫電影《腦筋急轉彎》中缺一不可的「憂憂」，反能使一個人開啟療癒的關鍵力量，通往快樂和內心平靜的捷徑。

《媽媽 我好想妳》繪本故事中的媽媽得了「比感冒還嚴重」的病，猶如在家中投下一枚震撼彈，生活常軌瞬間被瓦解，受到震盪的不會只有生病者，還有家中的其他成員。正因為生病不單是一個人的事，而是全家人所要共同面對的事！

　　一個家庭遭逢重大事件的時候，通常會把關注力放在當事人，以個人或病人為主軸，逐漸忽略對年幼子女的看顧，時日一久，等到當事人病情穩定並康復之後，小孩子卻在情緒、行為上出現問題，整個家庭因為這個事件，陷入親子關係的惡性循環，再也回不去了。

　　良好的疾病適應觀念，意即在照顧生病者的過程，同時納入其他家庭成員的需求與需要，讓整個家庭得以維持在穩定的狀態之中，尤其是小孩子。病人很重要，家中每一位成員也相當重要。

　　繪本一開始就清楚呈現，孩子在「母親生病」的過程中，他知道媽媽不在家，不曉得確切發生什麼事，但他真實感受到生活產生了變化，並因為這個改變而造成種種漣漪效應，影響了日常作息和心理狀態。雖然他不見得可以很清楚為這個狀況「命名」，卻能夠感受它。

　　當孩子開始嘗試表達，不管是藉由行為展現或自我對話的方式，當這些聲音被聽見了，周圍的人該如何回應他？不論是最親近的家人或學校師長，如果願意多花一點點心思留意，就能看到其中的情緒落差，並給予協助。

　　藉由繪圖的方式，帶人走進一個日常生活畫面，經驗家庭發生變故的當下，如何感受、聆聽和回應，正是本書所要傳達的一個重點。

◆ 不同年齡層孩童的情緒反應

　　不同年齡層的孩童，對於生死的理解程度也不同，像是三、五歲的學齡前兒童，不見得很清楚疾病或死亡是怎麼一回事，但可以感受到主要照顧者的改

變，以及生活節奏的不同，所以面對這一族群的小小孩，重點是協助他們找到一個穩定的照顧者，讓生活結構化。

再大一點的孩子，例如幼稚園大班或小學低年級的孩子，除了感受到外表不同、生活變異之外，也會有自己的邏輯思考，例如：「這個事情為什麼會這樣？」「是不是我做了什麼，才導致生病⋯⋯」之類的因果推論。因此，當孩子說出：「我以後會乖！」媽媽或家人在當下應要有所回應：「其實不是你做了什麼，我才生病的！」就能破除心中這種「神奇」連結。

繪本當中所設定，小凱是小學中年級，姊姊是國中生，小學、國中都屬學齡期，但國中則進入青少年階段，如果媽媽沒有生病的話，照理說，這是一個非常具有活力的家庭，活力來自於每個角色都有穩定的成長任務。

故事中的媽媽，原本是家庭中的照顧角色，也因為在生活面和情感面照顧得宜，小朋友可以專心在功課學習，爸爸可以專心在工作上面。

因此，若是重要照顧者角色不見了，或是照顧者的功能降低或缺失的時候，就會打亂成員的生活步調，將顯現在日常習以為常的活動——食衣住行育樂。特別是自理能力略有不足的小朋友，不管是吃飯、做功課、買文具等，都需要媽媽在一旁輔佐，一旦媽媽的角色因為生病而受到影響，小朋友頓時可說失去了方向和依靠。

生活面之外，小孩的情緒也會受到牽動，這種轉變同時影響到人際互動、學校的學習狀況、環境適應等。假設情緒沒有獲得妥善處理，就會影響小朋友下一階段的接應，甚至可能因為這個事件被迫中斷成長。

不同年齡分期，不同的情緒展現：

　　當疾病來敲門，家中每位成員的生活也會面臨不同程度的撼動。當父母罹患嚴重疾病，如癌症，面對疾病所帶來的生活改變，我們可以透過以下陪伴原則，協助兒童與青少年與家庭共同面對此次的挑戰。

一、面對兒童、青少年有父母罹患嚴重疾病時，可以這麼做：

1. 疾病認知的建立與澄清：

依不同年齡孩子其認知發展的特性為基礎，用孩子可理解的方式，提供孩子正確且符合實際現況的疾病訊息。對兒童來說，圖像、故事、生活中經驗的類比等都是常用的輔助方式。

2. 議題與感受的談論與表達：

孩子與成人相同，都有其對疾病獨特的感受與對生活的擔心。鼓勵孩子與父母、師長或其他可提供協助的成人討論感受，與現下所關心的議題，允許孩子的內在聲音有更多的機會，得以被聽見與看見。

3. 讀懂語言之外的聲音：

每個階段的孩子有其需面對的發展任務與情緒表現的特質，若能清楚同齡孩子的共同挑戰與同儕生活價值，更能協助父母讀懂孩子的心。那些語言沒法說出的話語，情緒與行為已經說出。

4. 允許矛盾情緒的發聲：

鼓勵孩子到院陪伴是重要的，但亦需留意孩子面對疾病的矛盾情緒，如：

「我想念媽媽，但又不想見到她不舒服的模樣」。讓孩子適度地參與疾病經過，以引導取代隔離，孩子才能真正理解身邊正發生的事，也才能適度的做出生活的調整。

5. **生活中的韌性與彈性 ：**

面對家庭的生活再適應，兒童與青少年一方面需要穩定力量的延續，一方面也要學習增加生活的彈性。透過家庭共有活動，在孩子能力所及下，讓孩子適度參與家庭事務與照顧，有助於彼此親近性的提升。但需留意，上述活動的調整，勿成為孩子日後主要的生活任務與工作。鼓勵孩子維繫同儕社交網絡，讓孩子適度地保有該年齡應有的生活，有助於孩子整體情緒與人際的照顧與平衡。

二、面對父母罹患重大疾病，理解不同年齡發展的孩子常見的情緒表現與特性：

◆ **學齡前孩子**

主要的挑戰是與主要照顧者的分離，可透過遊戲與想像對話與之溝通，會希望家庭和其他孩子一樣，常會詢問父母哪時候會回來。

◆ **低年級的孩子**

主要的挑戰在容易將事件的發生與原因有神奇的連結，認為事情可能是自己造成的，如：都是我不聽話，媽媽才生病。都是我討厭爸爸，罵他死掉算了，他才會住院。因父母是自尊的重要來源，因此也容易有擔心被同學拒絕的情形。在生活中可能會將生病的父母親想像成英雄、常常想念他們的好，這些都是這階段的孩子常出現的自我調適、自我照顧方式。

◆ 中、高年級的孩子

已經有良好的邏輯歸因、因果推論的能力，但需要有人提供對疾病與治療較詳細的解說。面對強烈情緒時，容易以隔開情緒、分心或逃避情緒的方式自我照顧。

◆ 青春期的孩子

主要挑戰是正經驗青春期的身心改變，在獨立與依賴間存在矛盾。在情緒上遠離父母，同儕相對變得重要。 孩子可能會較自我中心，當和同儕活動有衝突時，孩子可能會對父母的疾病或需求反應較為冷淡。大一點的孩子，在過去、現在、未來有較佳的邏輯性思考能力，也能和同儕發展出親密的支持關係。對家人的需求有較多的同理與感受，但也易因感受到來自家庭過多的期待或要求而掙扎。

◆ 關於情緒投射：小凱和他的小小凱

「我的心裡住著一隻小狗，小小凱。」小朋友內心的情緒和想法，不容易被看見，但是不代表它不存在，就像繪本中「小小凱」這個角色，以小狗的樣貌呈現，藉此將小凱的情緒具象化，讓大家清楚看見情緒怎麼影響一個孩子，或是怎麼影響一個家庭。

隨著情節發展，可以看到「小小凱」有時會快樂的繞圈圈，有時則豎起耳朵，想要知道一些事情，或是因為茫然或害怕而夾起尾巴，這些都投射出「小凱」內心最真實的情緒反應。因此，可以仔細觀察繪本中小凱是什麼樣子、小小凱又是什麼樣子。

當家長發現孩子有這種情況，就是他內在的小小凱正在表達，可以視為某種需求的邀請，切記不要一直責罵不乖、為什麼那麼愛哭、不聽話、怎麼坐不住等等，其實孩子自己也想要控制情緒，需要被別人看見那個潛在的東西，譬如說不安，想要掩蓋它的時候，就會越加不安，可是當不安被看見、被接納的時候，他就會安定下來了。

「小小凱不乖的時候，你會不會也想要發脾氣呢？」孩子可能因為媽媽生病，而認為是不是不乖所造成，這種本來的情緒同時衍生出次發情緒，就是希望自己是一個快樂或平和的小孩子，因此對於這麼愛生氣的自己，又產生另一股情緒。

此時，可以清楚地告訴孩子：「這是一個正常的狀態！」同時替孩子把他們內心的話講出來：「媽媽生病了，生活難免受到影響，所以可能會覺得不安、焦躁、想發脾氣，甚至是害怕，但這些都是正常的反應。」當情緒被命名、被指認出來的時候，也就等於被看見，被接納，當孩子知道自己是怎麼一回事，就有辦法安頓他自己。

我們必須明白，情緒是一個被允許的存在！事實上，有些情緒具有存在的必然性和需要性。

當我們認出「小小凱」的時候，就可以協助孩子看見並擁抱他自己的情緒。第一次情緒發生時，我們幫他承接了，下一次遇到情緒的時候，他就會學著自己接納，形成一個好的循環。

◆ 啟動家庭復原力：角色的自動補位

家庭其實可視為一個系統，當事件發生時，系統內的成員角色勢必有所轉變，轉變過程中會加入新的資源，所以繪本中會看到林阿姨出現，協助擔任照顧者的角色。

然而，不是每個家庭都能順利找到這個支持者，如果沒有的話，就必須由家庭成員自己承擔，所以某種程度上，姊姊也承擔了過去媽媽所扮演的部份功能，姊代母職。

「我的問題沒有人來幫我了！」以前不管是吃飯、學校的聯絡簿、作業、老師交代的事項，只要找媽媽就好了，現在媽媽不在家，小朋友不知道如何解決問題，於是開始驚慌。

年紀較小的孩子可能專注在自己的某些需求，不見得可以同理到周圍每一個成員的狀態。於是這時候，年紀較大的孩子會因為本能而自動「補位」，馬上遞補成為照顧者的角色，譬如說繪本中的姊姊，國中生的她已有「他人」與「家庭」的概念，不只關注自己，還可以看見其他人的需求，維持生活正常的進行，化解了危機，即是「家庭復原力」的展現。

但這可能也會形成另一種挑戰，當姊姊看見「他人與我」都有需要跟需求，該如何拿捏和取捨。當她不知道該怎麼做的時候，會透過補位學習媽媽的角色（model），模仿或想像家庭的運作，進行角色的嘗試、摸索、挑戰，但因為終究不是媽媽，加上能

力上有所受限，無法清楚衡量能否承擔，免不了產生挫敗感。

處在暴風期的青少年，本身已有許多內在壓力，如果再遭逢家庭劇變，壓力相形更大，卻不像小朋友容易表達出內在情緒，加上故事中的姊姊為了扛起照顧弟弟的責任，所以隱藏起心中的慌張、壓力、難過，也代替媽媽的角色，跟爸爸討論很多事情。

但是，後來弟弟向姊姊求助：「媽媽怎麼了？我們可不可以去看媽媽？」兩個小孩之間遂有了共同點，姊姊這時才回到她原有年紀應有的反應：「我其實就是一個小女孩！」於是兩個人一起問爸爸。沒有什麼不能問、不能談，保持對話空間，就不會讓他們處於模糊的狀態，產生害怕、惶恐不安的感受。

孩子被允許可以表達，講出自己的需求，是一件多麼重要的事！

家庭有它自己的復原力，劇變發生的一開始也許驚慌失措，但成員會自動調整他們的腳步、節奏，與各自的生活功能，此時並不需要過度的資訊和外力介入，家中慢慢地就能創造出一個新的面貌。

就像故事中的媽媽生病之後，小孩變懂事了，姊姊會幫忙照顧弟弟，弟弟會自己洗澡、自動寫功課，孩子們甚至反過來關心爸爸，這是過去媽媽在家的時候，可能不會發生的事情。家庭和成員在此刻成長，並有了不一樣的調整。

直到事件的複雜度增加，使得整個家庭沒有辦法因應的時候，便由調整階段進入到適應階段，成員們必須做出一些妥協，同時才需要引入更多的外在資源。

譬如說，過去常常聽到年紀稍長的孩子，需要打工分攤家務，或因經濟壓力而休學或改讀夜間部，或是放學之後必須到醫院照顧家人，逐漸建構出一套解決

問題的模式和溝通方式，難免遇到困難或挑戰，但這都是家庭復原力的過程。

當一個人願意對另一個講述自己的故事，說話者藉此傾吐需求，並進行自我整理，聆聽者給予適切回應與支援，這才展現出互動的意義。

繪本故事中，小凱的情緒處理始於老師的傾聽，由於上課發呆「被同學發現」而感到侷促不安，本想掩蓋的失落情緒，於是轉成憤怒，這時老師出現了。

老師角色也代表了身旁的一般人，最好的方式就是傾聽，聽聽孩子發生了什麼事情，也就足夠了。就算只是一個簡單的關心，這個無助感也就被承接和照顧到了。

對於孩子來講，「有人看見我了」意即「我的需要被看見」，只有「被看見」的時候，才能夠真正說出內心的話。

小學階段的小凱，重要的互動關係來自於同儕，蠻在乎別人怎麼看他，在這個階段中，若是受到家庭事件的影響，家長不跟學校或老師反映，學校可能不知道小朋友發生什麼事，因為小朋友本身害怕失去朋友，所以通常不會說出口。

以小孩子來說，可能會有內顯影響和外顯的行為改變，老師只能從小朋友的行為舉止觀察這些異狀──可能因為休息不夠，導致上課不專心；或是因為某種

內在資源已經相對耗損，沒有辦法再那麼專注學習，以致於成績下滑，影響在校表現等。

因此，老師也可藉由詢問家長：「孩子這段時間睡得好不好？吃得好不好？學習的狀況怎麼樣？跟家人互動情形？情緒是否有某種波動等」而獲知一些徵兆。

繪本故事中，可以清楚看到小凱表現的面向，當周遭有人注意到「這個孩子不大一樣了」，有時候只是一個關懷和詢問，就能給予一些幫忙。

此外，家庭是一個相互學習的狀態，包括情感。有些家長認為不應該影響到小孩，封閉了所有資訊，甚至連情感也封閉了，不讓孩子知道太多細節，自己像一隻熱鍋上的螞蟻，可是面對小孩的時候，又裝作沒事一樣，卻忽略孩子也會有所察覺異狀。

當家長傾向於不表露情緒的時候，小孩看著父母親怎麼處理情緒，也會學習刻意的「掩飾太平」，不講述、不傾聽，關閉對向交流，雙方採取一種逃避的模式，自然影響親子之間的互動品質，久而久之，演變成「我以後發生什麼事情，也不會跟你說了。」

唯有妥善處理情緒，才能創造一個溫馨的家庭氣氛；唯有用心傾聽，才能看見孩子的需求。

◆ 預演心理衝擊，幫助關係復原

　　小朋友面對生病這件事，可能還無法預料到外貌會產生巨大的改變，包括蒼白、瘦弱、嘔吐、掉頭髮等，像是繪本中的小凱進到病房看到媽媽，受到心理上的衝擊。

　　心理衝擊來自於本來以為媽媽只是到醫院，媽媽還是媽媽的樣子，但事實上當他推開病房門的那一剎那，才發現生病是這麼一回事。

　　就學齡期的小孩來講，可能只知道生老病死的概念，直到實際親眼所見，才明白生病是包括形象、體力、生活等改變。

　　因此，當大人要帶孩子前往探視病人，不能只簡單認為：「好，就帶你去看！你看了就會懂了。」而不做任何行前準備，我們需要先做預演，讓他知道這幾天媽媽不在家的過程，媽媽發生了什麼變化，例如：「媽媽生病了在做治療，所以待會看到媽媽，她的樣子會有一點點不一樣，可能有掉頭髮、身體也比較虛弱……」，如此陳述也許還是有些模糊，卻能提供孩子一個預備心理，這是不可輕忽的心理建設。

　　但是一般來講，幾乎不會有家屬做到這一點，通常是小朋友一下課，就直接帶到醫院去了。因此，希望能藉由繪本做出提醒，之前有許多活生生的案例，當小朋友看到病人的模樣而受到驚嚇，造成直接的生命撞擊，他可能原本想要接近媽媽卻退縮了，因此轉身逃避，在此刻的媽媽（或生病者角色）就顯得相當重要，她需要重新締結親子關係。

小朋友一旦在這個狀況當中退縮了，沒有妥善處理這種退縮情緒的話，就有可能產生彼此心裡的疙瘩，也許還不到創傷，但是有種不舒服感，慢慢地使關係出現裂痕。相對地，情緒較為脆弱的病人也期待孩子前來探望，可能會認為：「我那麼想你，你看到我怎麼是這個反應呢？」雙方的心理落差，衍生後續的抱怨與不理解。

　　因此，走進病房之前，不管是孩子或是父母都要有一些心理準備。

　　假使當下的衝擊已然造成時，該如何重新的接近或再認識？這時需要一個引導，不管是社工師、心理師或一線的護理人員，都能提供協助，但更好的是成年的家人（如繪本中的爸爸），因為最瞭解病人的狀況，可以在中間做一個橋樑，留意小孩跟病人之間的互動狀況。

　　而在繪本本故事當中，則由媽媽自己化開僵局、拉近關係，藉由如常性的對話，問候孩子：「你們這幾天乖不乖？學校功課還好嗎？」的時候，她又回到一個照顧者的角色，讓孩子聽到家庭生活中熟悉的語言，也就能回到熟悉的互動狀態與感受，帶領著小孩子重新進入他們所習慣的角色關係之中。

　　臨床個案可以看到，有些病人很在意外貌上的改變，擔心嚇到孩子，有時候對孩子也是一種保護，因此重點不在「見與不見」，重點仍在於，雙方準備度是否足夠？

　　此外，繪本中的媽媽清楚告知孩子有關疾病的病名，這是很好的一件事。

　　譬如說「乳癌」這兩個字，對大部分的孩子來講，不見得能理解乳癌是什麼，所以媽媽說：「這是一種比感冒更嚴重的病！」因為孩子有過感冒的經驗，讓兩者能做出連結，清楚地表達出：「我到底生了什麼病」，再用孩子可以理解的方式，使他知道這是一個更為嚴重的狀態。

　　「告知」是一件重要的事，但是更為重要的是：生病了，之後呢？因此，

繪本中的媽媽有講說：「需要比較久的時間治療，不過媽媽會努力好起來，就可以回家了！」給予希望的願景。

從故事中可以看到，病人（媽媽）非常清楚自身的疾病歷程，也因為如此，她也才有機會準備接下來的因應，而不陷入無邊無際的恐慌當中，這也是繪本選擇直接地講出疾病的名稱，因為目前還有許多人對於病情告知，採取隱匿或者相對迴避的態度，把 A 疾病說成是 B 疾病，因而造成反效果。

病人有權利知道自己的疾病，清楚地告知病情並不是件錯誤的事情，甚至應該被鼓勵和推廣，這也是這個繪本所要傳達的重要觀念。

◆ 鋼索上的玻璃心：別輕忽男人的眼淚

華人男性，尤其是身為一家之主的爸爸，在文化養成教育下通常被訓練為獨立自主的模樣，他或許並非不輕易示弱，而是對他們而言，解決問題才是當務之急。

男性通常會直接採取問題解決模式：你可以怎麼做、你要怎麼做，我需要什麼。因為唯有透過行動，他才能安頓自己，把家庭和關係給穩住。

繪本故事中的爸爸，初登場是他和姊姊小聲地講悄悄話，在於和姊姊共同面對媽媽生病的事情，並且一起保護年紀還小的弟弟。這是一個開放性的家庭關係的自然發展，當媽媽這個角色弱化或不見的時候，由原先主要的夫妻系統，轉變成父女次系統開始運作。

　　爸爸通常承擔家中的重要決定，面對一些狀況發生的時候，藉由「行動力」表達他對孩子的關心跟情緒，這裡可以概括出幾個部份，一是「我要照顧好孩子」，包括生理上、生活上的安頓，所以會持續上班賺錢、打開冰箱熱飯菜、買飯盒回家、找一個林阿姨照顧孩子等，使生活機能不至於失序。再從某個層次上來看，對孩子的照顧包含了：「我要告訴孩子」、「要找到資源保護弟弟」之類的，都是源於對孩子的關照。

　　身為另一半，對於生病的太太，他也希望能在關係中盡一份力，做某種有效的幫忙，所以聽到了什麼訊息就帶回來分享，想要提供草藥給太太減輕身體的不適等，顯見他其實並不知道該如何幫助自己的妻子。

　　因此，男性通常希望有人告訴他，如何引導他陪伴太太，甚至提供協助。「你太太其實就是需要你一個關心而已！」但是這份關心，他也許用言語講不出口，然而，陪伴就是最好的關心。

　　但是，處理完太太和孩子的事情後，他自己本身的情緒也需要被支持，獨自走在情緒鋼索上的男性，內心也許有顆玻璃心，有時會偷偷掉淚，同樣需要被聆聽、被撫慰，此時的他又有誰可以給予協助？

　　由於爸爸需要維持某種角色形象，當他變成一個求助者的時候，反而很多事情沒有辦法做，當社工師和心理師願意介入協助，需要留意「入場的姿態」，並非上對下、醫者對病人，而是一種同盟關係，在意義上與他共同工作，這樣就容易被接受，同時也分擔了他肩上的某些壓力。

　　譬如說，父親其實不擅長跟孩子談，內心巨大的慌張可能來自於不知道孩子的狀況，此時社工師或心理師在跟孩子溝通的過程得知一些訊息，再回來

告訴他：「現在孩子的狀態怎麼了，然後你需要做什麼，可以怎麼樣協助孩子！」如此對他而言，已經解決他心頭一大半的問題。

另外，還可透過夫妻的共同談話或會談來達成互動，當心理師和社工師跟與太太聊天，讓先生在一旁聆聽，藉由日常性的對話，他可能就看見或聽到了，原來太太需要的是什麼？這樣他就知道該怎麼做。

另一方面，因為男性在情感上相對壓抑，而且不習慣到不知道怎麼照顧自己。如果可以的話，我們會建議也很鼓勵現在新時代的男性，可以敞開心胸談談自己的感受，因為在臨床工作當中，會發現只要男性願意談，也會有情緒表現，落下「男人的眼淚」。

很多時候，我們要做的就是傾聽，在傾聽的過程中，其實就是一種對他情緒的接納。

譬如當我們在跟男性家屬聊天的時候，他不一定真的是在聊現在的家庭狀況，他可能會講過去的某個看似八竿子打不著的事情，但是當他講完之後，他會說：「謝謝你聽我講了這麼多！」

透過聊天和問題解決的過程，形成一個橋樑，讓我們有機會提醒周遭的人，假設意識到爸爸／男性發出微弱求救的聲音時，不妨也能稍微主動地給予關心，把他們從情緒的鋼索上牽下來。

此外，如果今天故事中患病者的角色互換，生病的人是家中經濟支柱的爸爸，其中的差異則要視原先家庭結構是否穩固，假設家庭

因為變故而頓失經濟依靠，影響基本的生活能力和功能，下一個步驟就需要外界支援，可能是分攤照顧孩子的工作，讓太太可以專心看顧先生。而在引導情緒表達上，則進一步協助家屬看見背後的需求，透過對需求的整理，擬定協助計畫。

　　每個人遇到生命的變動，不同年紀表達情緒的方式也會有所差異，父母親需要理解孩子在各階段所顯現的行為，才能給予適當的回應。

　　因此，透過這個繪本，希望教導家屬看見情緒，以及理解到情緒需要受到的照顧。這個過程並不困難，就像眼淚流下來一樣，當它發生了，我們就去承接它！

◆ 家庭關懷中，社工師與心理師所扮演的角色

　　「你是來幫我的家庭解決問題的人！」社工師和心理師等專業人員，在過去可能會被這麼誤解，因此在繪本故事當中，也重新塑造專業者的角色，他可能是陪伴這個家庭面對問題，但不是代替他解決問題的人。

　　但是在疾病的進展過程中，整個支援團隊包含了醫、護、社、心，每一步其實都配合著醫療的節奏，無法獨立於外。而病人之所以來到這家醫院，並與社工師、心理師產生關係，其中一個重要的主軸，就在醫療。

　　所以透過社工師、心理師的角色，小朋友可以放心地表達，如同繪本故事的一開始，孩子可能不那麼清楚心裡的

反應是什麼，那隻小小狗的不同表情又代表著什麼意涵，不見得可以說出來，但是當有一位社工師姊姊出現，展現接納和開放的態度，給出引導的問話，那麼孩子就會開始願意談談當下的感受。

又或者是說，大部分的人或是家庭，當自己內部可以找到一個平衡的時候，並不會求助於專業醫療，通常是這個困難已經無法克服，或經驗到主觀上的巨大痛苦，才會啟動向外求援的機制。例如處於發展階段的青少年，出現一些偏差行為，影響到他的學業，譬如說開始蹺課、中輟，或出現違規行為，甚至嘗試吸毒，而使得家長前來求助。

有些家庭容易被看見，例如一個小學的孩子，為什麼晚上還住在醫院裡面？有可能是爸爸上大夜班了，只好把他放在醫院，以前爸爸上班的時候，媽媽是照顧者，可是現在媽媽住院了，所以小孩只好來醫院跟著生病的媽媽，這個時候就會被介入。或是爸爸和小孩的互動過程，可能伴有暴力或不當行為，「情緒」被看見，我們就有介入的空間。

如果有一些沒被看見卻有需求的家庭，可以主動求助，透過繪本故事的推廣與分享，就知道原來醫院裡面還有心理師、社工師。

所以一定是遇到一個無法解決的困境，在那個當下，才會想到找尋其他專業人士進到家庭系統當中。這時，就是我們可以協助的時候了。

然而，是不是每個家庭都需要被介入？這是一個值得探討的課題。社工師和心理師可以提供家庭所缺乏的專業概念，包括對於事件和疾病接納的態度，以及衍生的情緒、擔憂等反應，使他們瞭解現在所碰到的狀況，採取不過度介

入的方式，「等待」家庭展現自身的復原力量，讓家庭復原力慢慢運轉，重新找到身心靈的平衡。

　　正因為了解到修護的力量，往往來自於個人或家庭成員，因此，不管是身為社工師或心理師，在某種程度上都扮演一個關係促進者的角色。

　　社工與心理的界線不見得涇渭分明，由於社會層次會影響心理，生活的不順遂又會影響到心理狀況，個人情緒的翻攪其實也會反映到實際生活，所以社會、心理，沒有辦法完全的切割開來。兩者經常是某種形式的合作角色，譬如對於個案家庭，彼此都有一些溝通跟認識之後，我們就能趕快分工，再各自處理哪個層面。

　　以社工師的角度介入，能夠容易建立一些外在資源，舉凡前面提到的經濟面或人力照顧需求等面向，以及視角上較容易看到家庭整體性，對於角色的敏感度、功能、輔助和動態的調整。

　　以心理師的角度介入，能夠深入個人內心深處的角落，讓一個人除了以一位家人的角色面對困境之外，更能有機會以自己的角色來面對眼前與未來的一切。

　　在家庭面對疾病的過程裡，社工師或心理師的角色，就是適時的陪伴，提醒他們不要「亂掉」，幫忙看到需求的背後在說什麼？這個家庭需要什麼？在跟家庭、個人會談或互動的時候，幫助他們找出壓力根結的原因、抱持對疾病恢復的期待，以及繼續走下去的方向。

　　回到某種本質上，身為社工師或心理師，就是用專業「認識」一個家庭，看見問題背後的需求，與其說我們藉此幫助別人，不如說我們用陪伴來取代協助，在陪伴的過程中，讓家庭自己啟動修復的力量。

◆ 孵夢小豆芽，實現生命的美好期待

「姊姊寫完功課，幫我檢查了聯絡簿，但是花盆和培養土去哪裡買？」繪本故事中，一開始老師要小凱買培養土，他不知道該怎麼買，但是後來小豆芽順利長出來了，隱喻著問題可以被解決。

這中間，可能是爸爸或林阿姨帶他去買，或者是同學分一點土給他，不只是小凱，每個人都有辦法解決當下的困境，過程可能差強人意，但最後總會有一顆小豆芽長出來，代表成長需要一些歷程和時間。

藉由「孵夢小豆芽」的意念，提醒我們生命中總會有一些波折，但要相信每個人都擁有內在力量，需要花一點時間等待孵化。就如同家庭相處一般，免不了會發生爭吵，但是最後一定會慢慢出現調整模式，進入修護狀態，也就是本書一直強調的家庭復原力。

於是在繪本的最後，我們塑造了一個完美溫馨的結局，媽媽經過治療之後身體已好轉，得以回到家中，她的頭髮也慢慢長出來了，就像新生的小豆芽一般，實現對生命的美好期待。

雖然明白並非每個病患都能迎來明朗的答案，有些家庭可能走向家人終究離世的過程，由於繪本聚焦在治療期的角色規劃，因此先預設在小朋友和家庭對於疾病適應的階段，不會延伸談到死亡的部份，著重在重返希望的過程為主軸。

◆ 關懷手記：給家人的溫暖提醒

悲傷，並非永無止盡，透過溫暖的提醒，就能傳遞一份關心，使人得到繼續向前的力量。

面對治療的進程當中，每一個家庭成員的情緒或疾病問題，都需要被聆聽、被陪伴，於是，我們想提醒周遭的人，當身邊有這樣的家庭或朋友，「看見」之後，除了理解各自成員的狀態，還可以給予什麼樣關懷。

回到繪本故事中的角色，以下也分享了一些溫暖的小提醒：

◆ 給爸爸的小提醒：

家庭重大變故發生的當下，雖然照顧媽媽已經成為當務之急，但是照顧自己也是重要的，同時分一點時間聆聽孩子的需要，這是給爸爸的第一個提醒。

男性通常用行動表達他的關心，像是買晚餐、維持生活開銷等，但爸爸的角色課題，在於如何認識自己的孩子，因為大部分的爸爸在過去不見得有這樣的經驗，少了情感的交流，所以會產生一種狀態：「他到底在說什麼？」或是無法理解孩子的情緒。

此時，也請爸爸相信你的孩子，他們有自己成長的能力，但不是放手不管，而是一起陪著他度過難關，「陪伴」也是一種關心的展現，當信任感被孩子接收到，親子關係就會緊密的連結在一起，這是給爸爸的第二個提醒。

◆ 給媽媽的小提醒

很多時候我們被疾病困住了，就忘記了生活。家庭有它原來的生活模式與狀態，但是生病這件事，常常把病人本身或是家中成員就抽出來了，困進一個疾病的脈絡之中。

但繪本中的媽媽其實做得很棒，她對於疾病具有某種準備度，也能觀察到孩子細微的情緒感受，給予適時

的引導，不至於造成隔閡。譬如說媽媽還是可以扮演某種可以承擔的角色，使成員在關係中重新認出彼此，這個家庭就會持續的運作。

然而，就病人來講，很容易把問題「災難化」，淹沒在治療的恐慌情緒之中。重要的事，要如何先安頓好自己，若能清楚瞭解病情的走向，將有助穩定情緒，讓自己有輪廓可依循，也就能懷抱一份希望。

◆ 給姊姊的小提醒

對於姊姊這樣的青少年，可能會因自己或父母的期待，希望幫忙照顧家庭，而做出超齡的行為展現，但不能夠因此掩蓋掉本身的某種需求，對於生活與承擔，必需拿捏比重，才能維持一個平衡。

也許剛好遇到他要考試或比賽，加上同儕壓力的影響，有些青少年會覺得：「你就是要毀了我一輩子！」此時，可以試著讓孩子理解到，這段時間可能需要做一些短暫的改變，協助家庭面對眼前的難題，未來還是有機會回到正常軌道，同時提醒孩子，他可以承擔，但是也可以擁有自己的需求，於是就能釋懷：「其實失掉這樣一個機會，以後還有其他機會。」

對於年紀較長的孩子，臨床上很常聽到：「這個孩子對他母親怎麼樣、怎麼樣……」他不見得漠不關心，而是缺乏情緒的出口，也更容易掩蓋自己的情緒。其實，這類角色需要的是被看見、被瞭解，而非指責。

◆ 給小凱的小提醒

小凱是個快樂的小孩，小小凱也該是隻快樂的小狗。

繪本裡頭用一隻小狗（化名小小凱）的角色，表現出小凱的情緒，是相當別緻的設計，因為對很多小孩子來說，不見得可以清楚說出自己的情緒，但是他可以談，藉由閱讀繪本的過程，他可以透過「另一個他」，用他者的樣貌，呈現出自己的情緒變化。

　　兒童是家中最具能量的角色，可以為家庭帶來正向力量，當我們照顧小孩的同時，其實也照顧了整個家庭。

　　對於小凱，覺得沒有什麼需要特別提醒了，因為他已經在照顧他自己，重要的是透過這樣的繪本呈現，讓我們「看見」到小朋友在事件中的反應，也正因為孩子的活力，使得家庭逐步走在復原的方向。

　　＊　＊　＊

　　正視眼前的風暴，聆聽內心的擔憂，所有悲傷、害怕與壓力，因為理解得以迎面而除，帶領自身找回內在安定的力量。

　　陪伴，就是最好的關心。走過家庭劇變，相信這份堅韌的幸福，讓彼此的心更加靠近。

國家圖書館出版品預行編目（CIP）資料

媽媽 我好想妳：給病人與家人的關懷手記（中英對照）/
財團法人亞太心理腫瘤學交流基金會編著；賈舒叡繪圖.
-- 第一版 . -- 臺北市：博思智庫, 民 106.05
面；公分
ISBN 978-986-93947-6-5(平裝)
1. 心理衛生　2. 繪本

176.5　　　　　　　　　　　　106003753

GOAL 20

媽媽 我好想妳
給病人與家人的關懷手記（中英對照）
I miss you Mommy !
A Caring Handbook for Patients and Families

編　　著｜財團法人亞太心理腫瘤學交流基金會
總 審 訂｜方俊凱、張玉仕、林芝存
專家導讀｜蔡惠芳、侯懿真
繪　　圖｜賈舒叡
插畫協力｜林鼎原
內文英譯｜Elias Gasparis
行政統籌｜康睿宇

執行編輯｜吳翔逸
專案編輯｜胡梭
資料協力｜陳瑞玲
美術設計｜蔡雅芬
行銷策劃｜李依芳

發 行 人｜黃輝煌
社　　長｜蕭艷秋
財務顧問｜蕭聰傑
發行單位｜博思智庫股份有限公司
地　　址｜104 台北市中山區松江路 206 號 14 樓之 4
電　　話｜（02）25623277
傳　　真｜（02）25632892

總 代 理｜聯合發行股份有限公司
電　　話｜（02）29178022
傳　　真｜（02）29156275

印　　製｜永光彩色印刷股份有限公司
定　　價｜280 元
第一版第一刷　中華民國 106 年 05 月
ISBN 978-986-93947-6-5
© 2017 Broad Think Tank Print in Taiwan

博思智庫股份有限公司
博思智庫粉絲團　Facebook.com/broadthinktank

別讓情緒困擾,阻礙面對治療的決♥

在名為癌症的崎嶇道路上
有我們路守護

亞太心理腫瘤學交流基金會
邀請您支持大小額捐款
讓癌症病人與家屬不孤單
讓生死大事的工作不停擺

郵政劃撥
劃撥帳號:50293182
戶名:財團法人亞太心理腫瘤學交流基金會
聯絡電話:02-2809-5200

癌症病人與家屬的情緒照顧
如同身體症狀一樣被重視